Original en couleur

NF Z 43-120-8

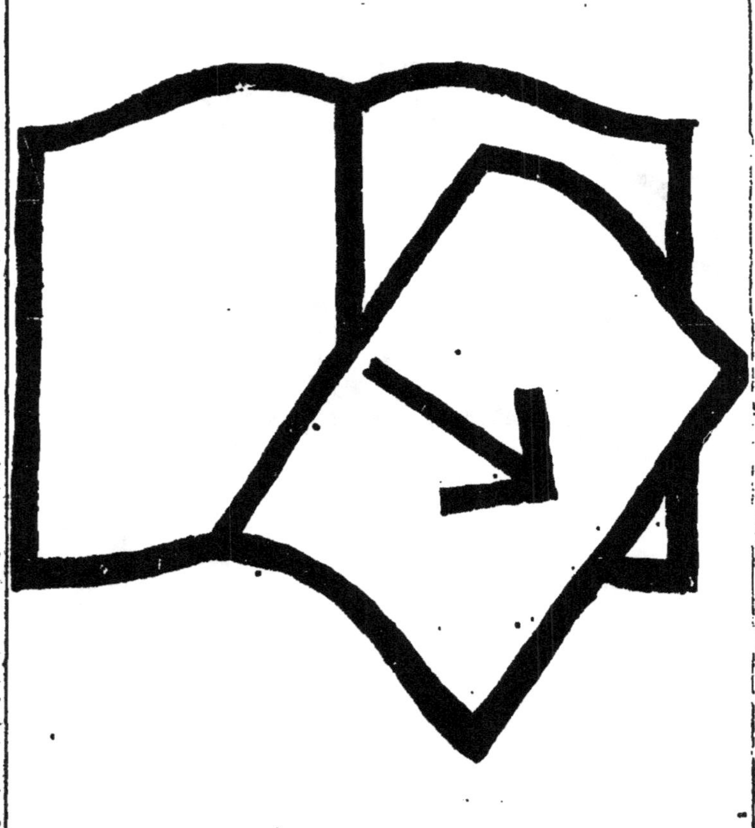

Couverture inférieure manquante.

LES TRAITÉS DE 1815.

ÉDITION POPULAIRE.

PRIX : 30 CENTIMES.

MONTMARTRE
IMPRIMERIE PILLOY,
boulevard Pigalle, 50.
—
1880.

LES TRAITÉS
DE 1815.

TRAITÉ ET CONVENTIONS

CONCLUS A PARIS, LE 20 NOVEMBRE 1815.

Au nom de la Très-Sainte et Indivisible Trinité;

Les puissances alliées ayant, par leurs efforts réunis et par le succès de leurs armes, préservé la France et l'Europe des bouleversements dont elles étaient menacées par le dernier attentat de *Napoléon Buonaparte*, et par le système révolutionnaire reproduit en France pour faire réussir cet attentat;

Partageant aujourd'hui avec Sa Majesté Très-Chrétienne le désir de consolider, par le maintien inviolable de l'autorité royale et la remise en vigueur de la Charte constitutionnelle, l'ordre de choses heureusement rétabli en France, ainsi que celui de ramener entre la France et ses voisins ces rapports de confiance et de bienveillance réciproques que les funestes effets de la révolution et du système de conquête avaient troublés pendant si longtemps ;

Persuadés que ce dernier but ne saurait être atteint que par un arrangement propre à leur assurer de justes indemnités pour le passé et des garanties solides pour l'avenir,

Ont pris en considération, de concert avec Sa Majesté le roi de France, les moyens de réaliser cet arrangement ; et ayant reconnu que l'indemnité due aux puissances ne pouvait être ni toute territoriale, ni toute pécuniaire, sans porter atteinte à l'un ou à l'autre des intérêts essentiels de la France, et qu'il serait plus convenable de combiner les deux modes, de manière à prévenir ces deux inconvénients, Leurs Majestés Impériales et Royales ont adopté cette base pour leurs transactions actuelles, et se trouvant également d'accord sur celle de la nécessité de conserver pendant un temps déterminé, dans les provinces frontières de la France, un certain nombre de troupes alliées, elles sont convenues de réunir les différentes dispositions fondées sur ces bases, dans un traité définitif.

Dans ce but et à cet effet, Sa Majesté le roi de France et de Navarre, d'une part, et Sa Majesté le roi du royaume-uni de la Grande-Bretagne et d'Irlande, pour elle et ses alliés, d'autre part, ont nommé leurs plénipotentiaires pour discuter, arrêter et signer ledit traité définitif, savoir :

Sa Majesté le roi de France et de Navarre,

Le sieur Armand-Emmanuel du Plessis-Richelieu, duc de Richelieu, premier gentilhomme de la chambre de Sa Majesté Très-Chrétienne, son ministre et secrétaire d'État des affaires étrangères, et président du conseil de ses ministres;

Et Sa Majesté le roi du royaume-uni de la Grande-Bretagne et d'Irlande,

Le très-honorable Robert Stewart, vicomte Castlereagh, son principal secrétaire d'État, ayant le département des affaires étrangères ;

Et le très-illustre et très-noble seigneur Arthur, duc, marquis et comte de Wellington, et commandant en chef les armées de Sa Majesté Britannique en France et celles de Sa Majesté le roi des Pays-Bas;

Lesquels, après avoir échangé leurs pleins pouvoirs trouvés en bonne et due forme, ont signé les articles suivants :

ARTICLE PREMIER. — Les frontières de la France seront telles qu'elles étaient en 1790, sauf les modifications de part et d'autre qui se trouvent indiquées dans l'article présent,

1° Sur les frontières du nord, la ligne de démarcation restera telle que le traité de Paris l'avait fixée, jusque vis-à-vis de Quiévrain; de là elle suivra les anciennes limites des provinces belgiques, du ci-devant évêché de Liége, et du duché de Bouillon., telles qu'elles étaient en 1790, en laissant les territoires enclavés de Philippeville et Marienbourg, avec les places de ce nom, ainsi que tout le duché de Bouillon, hors des frontières de la France. Depuis Villers près d'Orval (sur les confins du département des Ardennes et du grand-duché de Luxembourg) jusqu'à Perle, sur la chaussée qui conduit de Thionville à Trèves, la ligne restera telle qu'elle avait été désignée par le traité de Paris. De Perle elle passera par Launsdorf, Wallwich, Schardorf, Niederweilings Pellweiler, tous ces endroits restant avec leurs banlieues à la France, jusqu'à Houvre, et suivra de là les anciennes limites du pays de Sarrebruck, en laissant Sarrelouis et le cours de la Sarre, avec les endroits situés à la droite de la ligne ci-dessus désignée et leurs banlieues, hors des limites françaises. Des limites du pays de Sarrebruck, la ligne de démarcation sera la même qui sépare actuellement de l'Allemagne les départements de la Moselle et du Bas-Rhin, jusqu'à la Lauter, qui servira ensuite de frontière jusqu'à son embouchure dans le Rhin. Tout le territoire de la rive gauche de la Lauter, y compris la place de Landau, fera partie de l'Allemagne; cependant la ville de Weissembourg, traversée par cette rivière, restera toute entière à la France, avec un rayon sur la rive gauche n'excédant pas mille toises, et qui sera plus particulièrement déterminé par les commissaires que l'on chargera de la délimitation prochaine.

2° A partir de l'embouchure de la Lauter, le long des départements du Bas-Rhin, du Haut-Rhin, du Doubs et du Jura, jusqu'au canton de Vaud, les frontières resteront comme elles ont été fixées par le traité de Paris. Le thalweg du Rhin formera la démarcation entre la France et les États de l'Allemagne; mais la propriété des îles, telle qu'elle sera fixée à la suite d'une nouvelle reconnaissance du cours de ce fleuve, restera immuable, quelques changements que subisse ce cours par la suite du temps. Des commissaires seront nommés, de part et d'autre par les hautes parties contractantes, dans le délai de trois mois, pour procéder à ladite reconnaissance. La moitié du pont, entre Strasbourg et Kehl appartiendra à la France, et l'autre moitié au grand-duché de Bade.

3° Pour établir une communication directe entre le canton de Genève et la Suisse, la partie du pays de Gex, bornée à l'est par le lac Léman, au midi par le territoire du canton de Genève, au nord par celui du canton de Vaud, à l'ouest par celui de la Versoix et par une ligne qui renferme les communes de Collex-Bossy et Meyrin, en laissant la commune de Ferney à la France, sera cédée à la confédération Helvétique, pour être réunie au canton de Genève. La ligne des douanes françaises sera placée à l'ouest du Jura, de manière que tout le pays de Gex se trouve hors de cette ligne.

4° Des frontières du canton de Genève jusqu'à la Méditerranée, la ligne de démarcation sera celle qui, en 1760, séparait la France de la Savoie et du comté de Nice. Les rapports que le traité de Paris de 1814 avait rétablis entre la France et la principauté de Monaco, cesseront à perpétuité, et les mêmes rapports existeront entre cette principauté et Sa Majesté le roi de Sardaigne.

5° Tous les territoires et districts enclavés dans les limites du territoire français, telles qu'elles ont été déterminées par le présent article, resteront réunies à la France.

6° Les hautes parties contractantes nommeront, dans le délai de trois mois après la signature du présent traité, des commissaires pour régler tout ce qui a rapport à la délimitation des pays de part et d'autre; et aussitôt que le travail de ces commissaires sera terminé, il sera dressé des cartes et placé des poteaux qui constateront les limites respectives.

Art. 2. — Les places et les districts qui, selon l'article précédent, ne doivent plus faire partie du territoire français, seront remis à la disposition des puissances alliées, dans les termes fixés par l'article 9 de la convention militaire annexée au présent traité, et Sa Majesté le roi de France renonce à perpétuité, pour elle, ses héritiers et successeurs, aux droits de souveraineté et propriété qu'elle a exercés jusqu'ici sur lesdites places et districts.

Art 3. — Les fortifications d'Huningue ayant été constamment un objet d'inquiétude pour la ville de Bâle, les hautes parties contractantes, pour donner à la confédération Helvétique une nouvelle preuve de leur bienveillance et de leur sollicitude, sont convenues entre elles de faire démolir les fortifications d'Huningue; et le gouvernement français s'engage, par le même motif, à ne les rétablir dans aucun temps, et à ne point les remplacer par d'autres fortifications à une distance moindre que trois lieues de la ville de Bâle.

La neutralité de la Suisse sera étendue au territoire qui se trouve au nord d'une ligne à tirer depuis Ugine, y compris cette ville, au midi du lac d'Annecy, par Faverge jusqu'à Lecheraine, et de là au lac du Bourget jusqu'au Rhône, de la même manière qu'elle a été étendue aux provinces de Chablais et de Faucigny par l'article 92 de l'acte final du congrès de Vienne.

Art. 4. — La partie pécuniaire de l'indemnité à fournir par la France aux puissances alliées et fixée à la somme de sept cents millions de francs. Le mode, les termes et les garanties du payement de

cette somme seront réglés par une convention par-
ticulière, qui aura la même force et valeur que si
elle était textuellement insérée au présent traité.

ART. 5. — L'état d'inquiétude et de fermentation
dont, après tant de secousses violentes, et surtout
après la dernière catastrophe, la France, malgré
les intentions paternelles de son roi et les avanta-
ges assurés par la charte constitutionnelle à toutes
les classes de ses sujets, doit nécessairement se
ressentir encore, exigeant, pour la sûreté des États
voisins, des mesures de précaution et de garantie temporaires, il a été jugé indispensable de
faire occuper pendant un certain temps, par un
corps de troupes alliées, des positions militaires le
long des frontières de la France, sous la réserve
expresse que cette occupation ne portera aucun
préjudice à la souveraineté de Sa Majesté Très-
Chrétienne, ni à l'état de possession tel qu'il est
reconnu et confirmé par le présent traité.

Le nombre de ces troupes ne dépassera pas
cent cinquante mille hommes. Le commandant en
chef de cette armée sera nommé par les puissances alliées.

Ce corps d'armée occupera les places de Condé,
Valenciennes, Bouchain, Cambrai, le Quesnoy,

Maubeuge, Landrecies. Avesnes, Rocroy, Givet avec Charlemont, Mézières, Sedan, Montmédy, Thionville, Longwy, Bitche, et la tête de pont du Fort-Louis.

L'entretien de l'armée destinée à ce service devant être fourni par la France, une convention spéciale réglera tout ce qui peut avoir rapport à cet objet. Cette convention, qui aura la même force et valeur que si elle était textuellement insérée dans le présent traité, réglera de même les relations de l'armée d'occupation avec les autorités civiles et militaires du pays.

Le *maximum* de la durée de cette occupation militaire est fixé à cinq ans. Elle peut finir avant ce terme, si, au bout de trois ans, les souverains alliés, après avoir, de concert avec Sa Majesté le roi de France, mûrement examiné la situation et les intérêts réciproques et les progrès que le rétablissement de l'ordre et de la tranquillité aura faits en France, s'accordent à reconnaître que les motifs qui les portaient à cette mesure, ont cessé d'exister. Mais quel que soit le résultat de cette délibération, toutes les places et positions occupées par les troupes alliées seront, au terme de cinq ans révolus, évacuées sans autre délai, et remises à Sa

Majesté Très-Chrétienne ou à ses héritiers et successeurs.

Art. 6. — Les troupes étrangères, autres que celles qui feront partie de l'armée d'occupation, évacueront le territoire français dans les termes fixés par l'article 9 de la convention militaire annexée au présent traité.

Art. 7. Dans tous les pays qui changeront de maître, tant en vertu du présent traité que des arrangements qui doivent être faits en conséquence, il sera accordé aux habitants naturels et étrangers, de quelque condition et nation qu'ils soient, un espace de six ans, à compter de l'échange des ratifications, pour disposer, s'ils le jugent convenable, de leurs propriétés, et se retirer dans tel pays qu'il leur plaira de choisir.

Art. 8. — Toutes les dispositions du traité de Paris du 30 mai 1814, relatives aux pays cédés par ce traité, s'appliqueront également aux différents territoires et districts cédés par le présent traité.

Art. 9. — Les hautes parties contractantes s'étant fait représenter les différentes réclamations provenant du fait de la non-exécution des articles 19 et suivants du traité du 30 mai 1814, ainsi que les articles additionnels de ce traité signés entre la France et la Grande-Bretagne, désirant de rendre plus efficaces les dispositions énoncées dans ces articles, et ayant, à cet effet, déterminé par deux conventions séparées la marche à suivre de part et d'autre pour l'exécution complète des articles susmentionnés, les deux dites conventions, telles qu'elles se trouvent jointes au présent traité, auront la même force et valeur que si elles y étaient textuellement insérées.

Art. 10. — Tous les prisonniers faits pendant les hostilités, de même que tous les ôtages qui peuvent avoir été enlevés ou donnés, seront rendus dans le plus court délai possible. Il en sera de même des prisonniers faits antérieurement au traité du 30 mai 1814, et qui n'auraient point encore été restitués.

Art. 11. — Le traité de Paris du 30 mai 1814, et l'acte final du congrès de Vienne du 9 juin 1815, sont confirmés et seront maintenus dans toutes celles de leurs dispositions qui n'auraient pas été modifiées par les clauses du présent traité.

Art. 12. — Le présent traité, avec les conventions qui y sont jointes, sera ratifié en un seul acte, et les ratifications en seront échangées dans le terme de deux mois, ou plus tôt, si faire se peut.

En foi de quoi, les plénipotentiaires respectifs l'ont signé et y ont apposé le cachet de leurs armes.

Fait à Paris, le 20 novembre, l'an de grâce mil huit cent quinze.

(L. S.) *Signé* RICHELIEU.
(L. S.) *Signé* CASTLERRAGH.
(L. S.) *Signé* WELLINGTON.

CONVENTION

CONCLUE, EN CONFORMITÉ DE L'ARTICLE 4 DU TRAITÉ PRINCIPAL, ET RELATIVE AU PAIEMENT DE L'INDEMNITÉ PÉCUNIAIRE A FOURNIR PAR LA FRANCE AUX PUISSANCES ALLIÉES.

Le paiement auquel la France s'est engagée vis-à-vis des puissances alliées, à titre d'indemnité, par l'article 4 du traité de ce jour, aura lieu dans la forme et aux époques déterminées par les articles suivants :

ARTICLE PREMIER. — La somme de sept cent millions de francs, montant de cette indemnité, sera acquittée, jour par jour, par portions égales, dans le courant de cinq années, au moyen de bons au porteur sur le trésor royal de France, ainsi qu'il va être dit.

Art. 2. — Le trésor remettra d'abord aux puissances alliées quinze engagements de quarante-six millions deux tiers, formant la somme totale de sept cents millions, payable, le premier le 31 mars 1816, le second, le 31 juillet de la même année, et ainsi de suite, de quatre mois en quatre mois, pendant les cinq années successives.

Art. 3. — Ces engagements ne pourront être négociés ; mais ils seront échangés périodiquement contre des bons au porteur négociables, dressés dans la forme usitée pour le service ordinaire du trésor royal.

Art. 4. — Dans le mois qui précédera les quatre pendant lesquels un engagement sera acquitté, cet engagement sera divisé par le trésor de France en bons au porteur, payables à Paris par portions égales, depuis le premier jusqu'au dernier jour des quatre mois.

Ainsi l'engagement de quarante-six millions deux tiers échéant le 31 mars 1816 sera échangé, au mois de novembre 1815, contre des bons au porteur payables, par portions égales, depuis le 1er décembre 1815 jusqu'au 31 mars 1816. L'engagement de quarante-six millions deux tiers échéant le 31 juillet 1816 sera échangé, au mois de mars de la même année, contre des bons au porteur payables, par portions égales, depuis le 1er avril 1816 jusqu'au 31 juillet de la même année, et ainsi de suite, de quatre mois en quatre mois.

ART. 5. — Il ne sera point délivré un seul bon au porteur pour l'échéance de chaque jour; mais cette échéance sera divisée en plusieurs coupures de mille, deux mille, cinq mille, dix mille et vingt mille francs, dont la réunion formera la somme totale du paiement de chaque jour.

ART. 6. — Les puissances alliées, convaincues qu'il est autant de leur intérêt que de celui de la France qu'il ne soit pas émis simultanément une somme trop considérable de bons au porteur, conviennent qu'il n'y en aura jamais en circulation pour plus de cinquante millions de francs à la fois.

ART. 7. — Il ne sera payé par la France aucun intérêt pour le délai de cinq années que les puissances alliées lui accordent pour le paiement des sept cents millions.

ART. 8. — Le 1er janvier 1816, il sera remis par

la France aux puissances alliées, à titre de garantie de la régularité des paiements, une rente sur le grand-livre de la dette publique de France, de la somme de sept millions de francs, au capital de cent quarante millions. Cette rente servira à suppléer, s'il y a lieu, à l'insuffisance des recouvrements du gouvernement français, et à mettre, à la fin de chaque semestre, les paiements de niveau avec les échéances des bons au porteur, ainsi qu'il sera dit ci-après.

ART. 9. — Les rentes seront inscrites au nom des personnes que les puissances alliées indiqueront ; mais ces personnes ne pourront être dépositaires des inscriptions que dans le cas prévu à l'article 11 ci-après. Les puissances alliées se réservent en outre le droit de faire faire les transcriptions sous d'autres noms, aussi souvent qu'elles le jugeront nécessaire.

ART. 10. — Le dépôt de ces inscriptions se trouvera sous la garde d'un caissier nommé par les puissances alliées, et d'un autre nommé par le gouvernement français.

ART. 11. — Il y aura une commission mixte, composée de commissaires alliés et français, en nombre égal des deux côtés, qui examinera, de six mois en six mois , l'état des paiements et réglera le bilan. Les bons du trésor acquittés constateront les paiements : ceux qui n'auront pas encore été présentés au trésor de France entreront dans les déterminations du bilan subséquent; ceux enfin qui seront échus, présentés et non payés, constateront l'arriéré et la somme d'inscriptions à employer au taux du jour pour couvrir le déficit. Dès que cette opération aura eu lieu, les bons non payés seront rendus aux commissaires français, et la commission mixte donnera des ordres aux caissiers pour la remise de la somme ainsi fixée, et les caissiers seront autorisés et obligés à la remettre aux commissaires des puissances alliées, qui en disposeront d'après leurs convenances.

Art. 12. — La France s'engage à rétablir aussitôt, entre les mains des caissiers, une somme d'inscriptions égale à celle qui aurait été employée d'après l'article précédent, de manière à ce que la rente stipulée à l'article 8 soit toujours tenue au complet.

Art. 13. — Il sera payé par la France un intérêt de cinq pour cent par année, depuis le jour de l'échéance des bons au porteur, pour ceux de ces bons dont le paiement aurait été retardé par le fait de la France.

Art. 14. — Lorsque les six cents premiers mil·lions de francs auront été payés, les alliés, pour accélérer la libération entière de la France, accepteront, si cet arrangement convient au gouvernement français, la rente stipulée à l'article 8, au cours qu'elle aura à cette époque, jusqu'à concurrence de ce qui restera dû des sept cents millions. La France n'aura plus à fournir la différence, s'il y a lieu.

Art. 15. — Si cet arrangement n'entrait pas dans les convenances de la France, les cent millions de francs qui resteraient dus seraient acquittés, ainsi qu'il est dit aux articles 2, 3, 4 et 5 ; et après l'entier paiement des sept cents millions, l'inscription stipulée à l'article 8 serait remise à la France.

Art. 16. — Le gouvernement français s'engage à exécuter, indépendamment de l'indemnité pécuniaire stipulée par la présente convention, tous les engagements contractés par les conventions particulières conclues avec les différentes puissances et leurs co-alliés, relativement à l'habillement et à l'équipement de leurs armées, et à faire délivrer et payer exactement les bons et mandats pro-

venant desdites conventions, en tant qu'ils ne seraient pas encore réalisés à l'époque de la signature du traité principal et de la présente convention.

Fait à Paris, le 20 novembre, l'an de grâce 1815.

(Suivent les signatures.)

CONVENTION

CONCLUE EN CONFORMITÉ DE L'ARTICLE 5 DU TRAITÉ PRINCI-
PAL, ET RELATIVE A L'OCCUPATION D'UNE LIGNE MILITAIRE
EN FRANCE PAR UNE ARMÉE ALLIÉE.

ARTICLE PREMIER. — La composition de l'armée de
cent cinquante mille hommes, qui, en vertu de
l'article 5 du traité de ce jour, doit occuper une
ligne milit...e le long des frontières de la France,
la force et la nature des contingents à fournir par
chaque puissance, de même que le choix des gé-
néraux qui commanderont ces troupes, seront dé-
terminés par les souverains alliés.

ART. 2. — Cette armée sera entretenue par le

gouvernement français de la manière suivante :

Le logement, le chauffage, l'éclairage, les vivres et les fourrages doivent être fournis en nature. Il est convenu que le nombre total des rations ne pourra jamais être porté au-delà de deux cent mille pour hommes, et de cinquante mille pour chevaux, et qu'elles seront délivrées suivant le tarif annexé à la présente convention.

Quand à la solde, l'équipement et l'habillement, et autres objets accessoires, le gouvernement français subviendra à cette dépense moyennant le paiement d'une somme de cinquante millions de francs par an, payable en numéraire de mois en mois, à dater du 1er décembre de l'année 1815, entre les mains des commissaires alliés. Cependant les puissances alliées, pour concourir, autant que possible, à tout ce qui peut satisfaire Sa Majesté le roi de France et soulager ses sujets, consentent à ce qu'il ne soit payé, dans la première année, que trente millions de francs sur la solde, sauf à être remboursés, dans les années subséquentes de l'occupation.

Art. 3. — La France se charge également de pourvoir à l'entretien des fortifications et bâtiments militaires et d'administration civile, ainsi

qu'à l'armement et à l'approvisionnement des places, qui, en vertu de l'article 5 du traité de ce jour,
doivent rester, à titre de dépôt, entre les mains
des troupes alliées.

Ces divers services, pour lesquels on se réglera
d'après les principes adoptés par l'administration
française de la guerre, se feront sur la demande
qui en sera adressée au gouvernement français
par le commandant en chef des troupes alliées,
avec lequel on conviendra d'un mode de constater
les besoins et les travaux, propre à écarter toute
difficulté, et à remplir le but de cette stipulation
d'une manière qui satisfasse également aux intérêts des parties respectives.

Le gouvernement français prendra, pour assurer
les différents services énoncés dans cet article et
l'article précédent, les mesures qu'il jugera les plus
efficaces, et se concertera, à cet égard, avec le général en chef des troupes alliées.

ART. 4. — Conformément à l'article 5 du traité
principal, la ligne militaire que les troupes alliées
doivent occuper s'étendra le long des frontières
qui séparent les départements du Pas-de-Calais,
du Nord, des Ardennes, de la Meuse, de la Moselle,
du Bas-Rhin et du Haut-Rhin, de l'intérieur de la

France. Il est de plus convenu que ni les troupes alliées ni les troupes françaises n'occuperont (à moins que ce ne soit pour des raisons particulières et d'un commun accord) les territoires et districts ci-après nommés, savoir : dans le département de la Somme, tout le pays au nord de cette rivière, depuis Ham jusqu'à son embouchure dans la mer; dans le département de l'Aisne, les districts de Saint-Quentin, Vervins et Laon ; dans le département de la Marne, ceux de Reims, Sainte-Menehould et Vitry; dans le département de la Haute-Marne, ceux de Saint-Dizier et Joinville; dans le département de la Meurthe, ceux de Toul, Dieuze, Sarrebourg et Blamont; dans le département des Vosges, ceux de Saint-Diez, Bruyères et Remiremont; le district de Lure dans le département de la Haute-Saône, et celui de Saint-Hippolyte dans le département du Doubs.

Nonobstant l'occupation par les alliés de la portion de territoire fixée par le traité principal et la présente convention, Sa Majesté Très-Chrétienne pourra entretenir, dans les villes situées dans le territoire occupé, des garn'sons, dont le nombre toutefois ne dépassera pas ce qui est déterminé dans l'énumération suivante :

A Calais.	1,000	hommes.
Gravelines.	500	
Bergues.	500	
Saint-Omer.	1,500	
Béthune.	500	
Montreuil.	500	
Hesdin.	250	
Ardres.	150	
Aire.	500	
Arras	1,000	
Boulogne.	300	
Saint-Venant.	300	
Lille.	3,000	
Dunkerque et ses forts.	1,000	
Douai et fort de Scarpe.	1,000	
Verdun.	500	
Metz.	3,000	
Lauterbourg.	200	
Weissembourg.	150	
Lichtenberg.	150	
Petite-Pierre.	100	
Phalsbourg	600	
Strasbourg	3,000	
Schelestadt	1,000	
Neuf-Brisach et fort Mortier.	1,000	
Béfort	1,000	

Il est cependant bien entendu que le matériel du

génie et de l'artillerie, ainsi que les objets d'armement qui n'appartiennent pas proprement à ces places, en seront retirés et transportés à tels endroits que le gouvernement français jugera convenable, pourvu que ces endroits se trouvent hors de la ligne occupée par les troupes alliées, et des districts où il est convenu de ne laisser aucunes troupes, soit alliées, soit françaises.

S'il parvenait à la connaissance du commandant en chef des armées alliées quelque contravention aux stipulations ci-dessus, il adresserait ses réclamations, à cet égard, au gouvernement français, qui s'engage à y faire droit.

Les places ci-dessus nommées étant en ce moment dépourvues de garnisons, le gouvernement français pourra y faire entrer, aussitôt qu'il le jugera convenable, le nombre de troupes qui vient d'être fixé, en en prévenant toutefois d'avance le commandant en chef des armées alliées, afin d'éviter toute difficulté et retard que les troupes françaises pourraient éprouver dans leur marche.

Art. 5. — Le commandement militaire dans toute l'étendue des départements qui resteront occupés par les troupes alliées, appartiendra au général en chef de ces troupes : il est bien entendu cependant qu'il ne s'étendra pas aux places que les troupes françaises doivent occuper en vertu de l'art. 4 de la présente convention, et à un rayon de mille toises autour de ces places.

Art. 6. — L'administration civile, celle de la justice, et la perception des impositions et contributions de toute espèce, resteront entre les mains des agents de Sa Majesté le roi de France. Il en sera de même par rapport aux douanes : elles resteront dans leur état actuel, et les commandants des troupes alliées n'apporteront aucun obstacle aux mesures prises par les employés de cette administration pour prévenir la fraude ; ils leur prêteront même, en cas de besoin, secours et assistance.

Art. 7. — Pour prévenir tout abus qui pourrait porter atteinte au maintien des règlements de douane, les effets d'habillements et d'équipement et autres articles nécessaires, destinés aux troupes alliées, ne pourront être introduits que munis d'un certificat d'origine, et à la suite d'une communication à faire, par les officiers commandant les différents corps, au général en chef de l'armée alliée, lequel, à son tour, en fera donner avis au gouvernement français, qui donnera des ordres en conséquence aux employés de l'administion des douanes.

Art. 8. — Le service de la gendarmerie, étant reconnu nécessaire au maintien de l'ordre et de la tranquillité publique, continuera à avoir lieu, comme par le passé, dans les pays occupés par les troupes alliées.

Art. 9. — Les troupes alliées, à l'exception de celles qui doivent former l'armée d'occupation, évacueront le territoire de France en vingt-un jours après celui de la signature du traité principal. Les territoires qui, d'après ce traité, doivent être cédés aux alliés, ainsi que les places de Landau et de Sarrelouis, seront remis par les autorités et les troupes françaises, dans le temps de dix jours, à dater de la signature du traité.

Ces places seront remises dans l'état où elles se trouvaient le 20 septembre dernier. Des commissaires seront nommés de part et d'autre pour vérifier et constater cet état, et pour délivrer et recevoir respectivement l'artillerie, les munitions de guerre, plans, modèles et archives, appartenant tant auxdites places qu'aux différents districts cédés par la France, selon le traité de ce jour.

Des commissaires seront également nommés

pour examiner et constater l'état des places occupées encore par les troupes françaises, et qui,
d'après l'article 5 du traité principal, doivent être
tenues en dépôt, pendant un certain temps, par
les alliés. Ces places seront de même remises aux
troupes alliées dans le terme de dix jours, à dater
de la signature du traité.

Il sera nommé aussi des commissaires, d'une
part par le gouvernement français, de l'autre par
le général commandant en chef les troupes alliées
destinées à rester en France, enfin par le général
commandant les troupes alliées qui se trouvent
aūjourd'hui én possession des places d'Avesnes,
Landrecies, Maubeuge, Rocroy, Givet, Montmédy,
Longwy, Mézières et Sédan, pour vérifier et constater l'état de ces places et des munitions de
guerre, cartes, plans, modèles, etc., qu'elles con-
tiendront au moment qui sera considéré comme
celui de l'occupation en vertu du traité.

Les puissances alliées s'engagent à remettre, à
la fin de l'occupation temporaire, toutes les places
nommées dans l'article 5 du traité principal, dans
l'état où elles se seront trouvées à l'époque de
cette occupation; sauf toutefois les dommages
causés par le temps, et que le gouvernement fran-

çais n'aurait pas prévenus par les réparations nécessaires.

Fait à Paris, le 20 novembre, l'an de grâce
1815.

(Suivent les signatures).

ARTICLE ADDITIONNEL A LA CONVENTION MILITAIRE.

Les hautes parties contractantes étant convenues, par l'article 5 du traité de ce jour, de faire
occuper pendant un certain temps, par une armée
alliée, des positions militaires en France, et désirant de prévenir tout ce qui pourrait compromettre
l'ordre et la discipline qu'il importe très-particu-
lièrement de maintenir dans cette armée, il est
arrêté par le présent article additionnel, que tout
déserteur qui, de l'un ou de l'autre des corps de
ladite armée, passerait du côté de la France, sera
immédiatement arrêté par les autorités françaises
et remis au commandant le plus voisin des troupes
alliées, de même que tout déserteur des troupes
françaises qui passerait du côté de l'armée alliée,

sera immédiatement remis au commandant français le plus voisin.

Les dispositions du présent article s'appliqueront également aux déserteurs de côté et d'autre qui auraient quitté leurs drapeaux avant la signature du traité, lesquels seront, sans aucun délai, restitués et délivrés aux corps respectifs auxquels ils appartiennent.

Le présent article additionnel aura la même force et valeur que s'il était inséré mot à mot dans la convention militaire de ce jour.

En foi de quoi, les plénipotentiaires respectifs l'ont signé et y ont apposé le cachet de leurs armes.

Fait à Paris, le 20 novembre, l'an de grâce 1815.

(Suivent les signatures).

Impr. Pilloy, boulevard Pigalle, 50, à Montmartre.